RECITS DES GRANDS JOURS DE L'HISTOIRE

DIRECTEUR PAUL GAULOT

15 c.mes Le volume

LA
Conciergerie

PENDANT

La Terreur

PAR

P. J. B. Nougaret

N° 46

Il paraît un volume chaque Semaine

HENRI GAUTIER editeur 55 quai des Grands Augustins PARIS

Récits des Grands Jours de l'Histoire

Directeur : PAUL GAULOT

CONDITIONS DE VENTE :

DANS NOS BUREAUX
ET CHEZ LES LIBRAIRES
Le volume : 15 centimes

Rendu franco par la poste
1 VOLUME 20 c. | 2 VOLUMES 35 c.
25 VOLUMES 4 FR.

Écrire à M. HENRI GAUTIER, éditeur, 55, *quai des Grands-Augustins*

PARIS

Il paraît un volume par semaine.

Chaque volume se compose de 28 grandes pages, de format in-12 jésus, sous couverture en couleurs, simili-aquarelle. Imprimés sur beau papier vélin vergé, en caractères elzéviriens, ces volumes sont ornés de frontispices, culs-de-lampe, cabochons, *gravures hors-texte*, reproduisant les œuvres les plus célèbres des grands peintres.

VOLUMES EN VENTE

La Conciergerie pendant la Terreur

PAR

P.-J.-B. NOUGARET

[Ce que fut cette prison célèbre pendant la Terreur, alors qu'elle était communément considérée comme l'antichambre de l'échafaud, il est assurément curieux de le connaître. Nous possédons sur ce point un livre fort intéressant, dû à la plume d'un contemporain bien placé pour savoir ce dont il parle.

P.-J.-B. Nougaret naquit à La Rochelle en 1742 et mourut à Paris en 1823. Il a laissé de nombreux ouvrages remplis d'anecdotes, mais le plus important est son *Histoire des prisons de Paris et des Départements*, « contenant, ajoute le titre, des mémoires rares et précieux, le tout pour servir à l'histoire de la Révolution française, notamment de la tyrannie de Robespierre et de ses agents et complices ». Il dédie son ouvrage « à tous ceux qui ont été détenus « comme suspects. ». Et il met en épigraphe ces deux vers de Voltaire:

Exterminez, grands Dieux, de la terre où nous sommes,
Quiconque avec plaisir répand le sang des hommes.

Nous donnons ici le morceau qui se rapporte à la Conciergerie. — P.-G.]

[1]

La Conciergerie

Tout le monde connaît l'entrée de cette prison destinée de tout temps à renfermer ceux que la loi appelle devant ses magistrats, comme étant prévenus de crimes contre l'ordre et la sûreté publique. Mais combien peu de personnes, en parcourant ces superbes galeries, ces salles immenses du palais, songent qu'elles foulent aux pieds des hommes, leurs semblables, entassés dans des cachots ; surtout, depuis que les convulsions révolutionnaires avaient fait refluer les victimes jusque dans les dégoûtants corridors qui conduisent à ces habitations de la misère, du désespoir et de la mort. Quel contraste ! Au-dessus, de jolies boutiques remplies de parfums, ce que les modes offrent à la coquetterie de plus élégant, d'aimables marchandes, qui appellent l'attention des curieux ; des bibliothèques chargées de livres où il n'est question que de philosophie et d'humanité ; au-dessous, à la distance de l'épaisseur d'une voûte, des verroux, des grilles, des gémissements, des haillons, une puanteur insupportable, un air infect, des guichetiers ivres, parlant un langage extraordinaire , chargés d'énormes clefs et suivis de chiens faits, comme eux, pour répandre l'épouvante.

Les maisons d'arrêt nouvellement instituées, le Luxembourg, le Port-Libre, les Carmes, les Bénédictins Anglais, Saint-Lazare, les Anglaises du faubourg Saint-Antoine, etc. ; toutes ces maisons ne sont que des prisons *muscadines* ; les guichetiers y sont polis, ils parlent un langage intelligible, et quand on y est transféré de la Conciergerie, de Pélagie, des Magdelonnettes ou de la Force, on serait tenté de les prendre pour des académiciens. O vous qui n'avez vécu que dans ces maisons, si vous voulez savoir ce que c'est que d'être en prison, tâchez de vous faire mettre à la Conciergerie.

La première entrée est fermée de deux guichets (1). Ces deux guichets sont à peu près à trois pieds l'un de l'autre. Ils sont tenus chacun par un porte-clefs. Tous les porte-

(1) On appelle guichet une petite porte haute d'environ trois pieds et demi, pratiquée dans une porte plus grande. Lorsqu'on entre, il faut hausser le pied et baisser considérablement la tête ; de manière que si on ne se casse pas le nez sur son genou, on court risque de se fendre le crâne contre la pièce de traverse de la grande porte ; ce qui est arrivé plus d'une fois. On appelle aussi guichet la première pièce d'entrée.

clefs ne sont pas admis indistinctement à l'honneur de ces premiers guichets. On choisit les plus vigoureux et ceux qui ont le coup d'œil le plus subtil. « Il faut, disent-ils, avoir de la tête pour de pareilles fonctions. » Aussi les postulants attendent-ils quelquefois longtemps. Un bouquet placé au-dessus de la porte annonce une nouvelle promotion. Le promu se fait coiffer ce jour-là par un perruquier, met ses plus beaux habits. Son air satisfait et capable annonce qu'il sent sa dignité, et qu'il n'est pas au-dessous du choix dont on l'a honoré. Le soir, les flots de vin redoublent et terminent un aussi beau jour.

Dans la première pièce, appelée guichet, comme je l'ai dit, au bout d'une grande table, sur un fauteuil, est le gouverneur de la maison, ou bien la respectable moitié de lui-même, ou bien le plus ancien des porte-clefs, qui les représente en ce cas. Ces gouverneurs-là sont devenus, dans le temps où nous sommes, des personnages très considérables. Les parents, amis ou amies des prisonniers, font ordinairement une cour très assidue au concierge Richard, pour se faire entr'ouvrir un guichet. On le salue profondément. Quand il est de bonne humeur, il sourit; quand, au contraire, il est morose, il fronce le sourcil; c'est Jupiter qui fait trembler l'Olympe d'un coup d'œil. Aussi les prisonniers ont-ils toujours l'attention d'épier ses bons moments, et alors on s'évertue à présenter humblement le placet.

C'est de ce fauteuil qu'émanent les ordres pour la police de la maison. C'est à ce fauteuil que sont évoquées les querelles des guichetiers entre eux, et des guichetiers avec les prisonniers; c'est à ce fauteuil que les malheureux prisonniers portent leurs humbles réclamations quand ils obtiennent la faveur d'y être admis; c'est de ce fauteuil que part quelquefois un regard de protection qui console, et souvent un coup d'œil qui foudroie.

Du reste, la femme Richard tient sa maison d'une manière étonnante : on n'a ni plus de mémoire, ni plus de présence d'esprit, ni une connaissance plus exacte des détails les plus minutieux (1).

Outre le concierge ou son représentant, il y a dans le

(1) La citoyenne Richard, dont les prisonniers se louaient généralement, vient d'être assassinée par un détenu au désespoir d'un jugement qui le condamnait à 20 ans de fers : au moment que cette femme bienfaisante lui présentait un bouillon, il lui enfonça un couteau dans le cœur; elle expira au bout de quelques minutes, en messidor 1796, an IV. (Note de l'éditeur de Nougaret.)

guichet un ancien porte-clefs qui divague. C'est, sans qu'il y paraisse, l'inspecteur des personnes qui entrent ou qui sortent. Quand il a des distractions, on entend sortir du fauteuil ces vigilantes paroles : *Allumez le Miston* (*allume*, mot d'argot qui veut dire : regarde sous le nez ; *Miston*, de l'individu.)

Le guichetier les répète à ses camarades qui sont de service aux portes. Lorsqu'il entre un nouveau prisonnier, on recommande aux guichetiers d'*allumer le Miston*, afin qu'il soit généralement connu et ne puisse se donner pour étranger.

A main gauche, en entrant dans le guichet, est le greffe. Cette pièce est partagée en deux par des barreaux. Une moitié est destinée aux écritures, l'autre moitié est le lieu où l'on dépose les condamnés ; c'est là qu'ils ont quelquefois attendu trente-six heures le moment fatal où l'exécuteur des jugements (que les guichetiers appellent dans leur langage *tole*), leur fait subir les redoutables apprêts de leur supplice. Je ne puis tracer ces lignes sans que les souvenirs les plus cruels, sans que les idées les plus déchirantes ne s'emparent de mon âme. Vous n'avez pas vu, vous qui lisez ceci, des êtres pleins de vigueur, de santé, qui portaient la sérénité de l'innocence sur leur visage, qui vous en avaient montré les preuves écrites, que l'habitude de vivre ensemble vous avait forcés d'estimer ; vous ne les avez pas vus, à quelques heures, à quelques minutes d'une mort aussi certaine qu'affreuse, mais pourtant qu'ils attendaient avec calme. Comme moi, vous n'avez pas été à même de dire : cet être qui respire, qui marche, qui pense, qui, tout à l'heure, me serrait encore la main, eh bien! dans quelques instants, il ne sera plus ; ce corps que je vois animé ne sera plus qu'un cadavre ; ce sang qui circule dans ces veines aura rougi la terre ; cette tête qui élève encore des regards au ciel, en l'accusant peut-être d'une mort injuste et prématurée, n'offrira plus que l'image informe et effrayante de sa destruction : et moi qui ne fus constamment animé que des sentiments de la plus pure probité, qui ne vécus que pour la patrie, qui ne m'occupai que de sa prospérité, de sa liberté et du bonheur de mes concitoyens, dans quelques jours peut-être j'aurai subi le même sort.

O destinées affreuses ! Fatales erreurs de l'espèce humaine ! Des hommes parlent de philosophie, d'humanité, et ils égorgent leurs semblables avec plus de légèreté, plus d'avidité, que le chasseur n'en met à se saisir de sa proie.

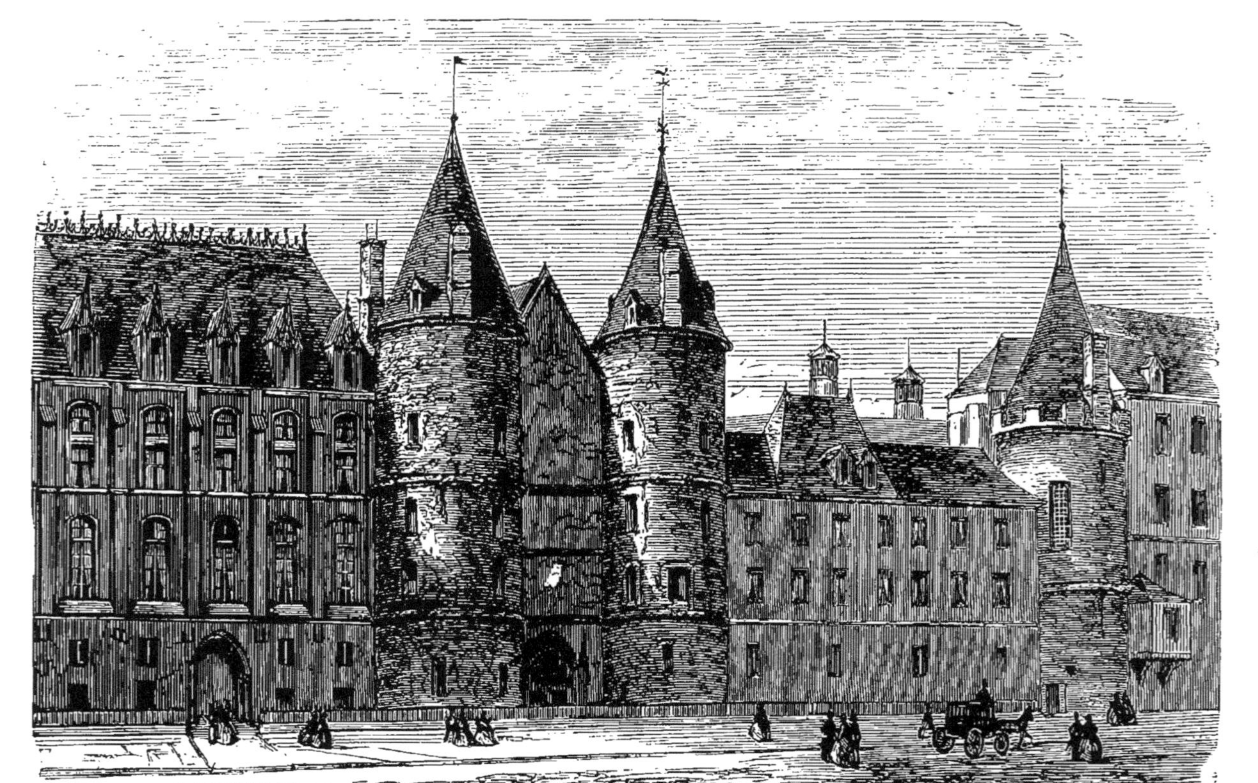

LA CONCIERGERIE (État actuel)

Vous parlez du bonheur des hommes et vous les détruisez! de leur liberté, et un mot imprudent, une démarche inconsidérée, que dis-je, l'innocence, la probité, les talents, l'amour de la patrie, les ont conduits à l'échafaud! Voilà les crimes du tyran, des niveleurs, ses complices, et des brigands qui lui ont survécu! *Dî meliora piis!...*

Pardonnez cette digression, elle a tant soit peu soulagé mon cœur; j'en reprendrai plus volontiers mon récit.

Du greffe, on entre de plain-pied, en ouvrant toutefois d'énormes portes, dans des cachots appelés la *Souricière*. Il faudrait plutôt les nommer la *Ratière*. Un citoyen nommé *Beauregard*, homme aussi honnête qu'aimable, acquitté par le tribunal révolutionnaire — grâces soient rendues à son heureuse étoile — fut mis, à son entrée, dans ce cachot! Les rats lui mangèrent, à différents endroits, sa culotte, sans respect pour son derrière; nombre de prisonniers ont vu les trous, et il fut obligé de se couvrir toute la nuit la figure de ses mains, pour sauver son nez, ses oreilles, etc.

Le jour pénètre à peine dans ces cachots; les pailles dont se compose la litière des prisonniers, bientôt corrompues par le défaut d'air et la puanteur des seaux (en terme des prisons, *griaches*), où les prisonniers font leurs besoins, exhalent une infection telle que, dans le greffe même, on est empoisonné lorsqu'on ouvre les portes. Il en est ainsi des autres cachots; et c'est dans ces affreuses demeures que des hommes, reconnus ensuite innocents, ont passé des mois entiers!...

O vous qui êtes chargés de gouverner vos semblables... Je m'arrête, il faut être avare de réflexions.

En face de la porte d'entrée, est le guichet qui conduit à la cour des femmes, à l'infirmerie, et en général à ce qu'on appelle, je ne sais pourquoi, le *côté des douze*. Nous y reviendrons.

A droite, sur deux angles, sont des fenêtres qui éclairent fort imparfaitement, deux cabinets où couchent les guichetiers de garde pendant la nuit : c'est aussi dans ces cabinets que l'on dépose les femmes qui ont été condamnées à mort. Entre ces deux angles, est un troisième qui conduit au *préau*; c'est le côté le plus recommandable de cette prison, et le mieux fait pour fixer les regards de l'observateur. Il faut, pour y arriver, franchir quatre guichets. On laisse à gauche la chapelle et la chambre du Conseil, deux pièces également remplies de lits dans ces derniers temps; la seconde était occupée par la veuve de Louis XVI.

Je n'entreprendrai point de décrire tous les lieux de cette vaste et dégoûtante enceinte. Je remarquerai seulement qu'à droite en entrant, dans la cour, à l'extrémité d'une espèce de galerie, est une double porte, dont l'une entièrement de fer, que ces portes ferment le cachot surnommé de la *Bûche nationale* depuis les massacres de septembre 1792 (vieux style) et qu'on traverse ce cachot pour arriver dans les salles du palais, au moyen d'un obscur escalier dérobé et verrouillé dans deux ou trois endroits différents. Les prisonniers sont, ou à la pistole, ou à la paille, ou dans les cachots.

Ces prisonniers ont un régime différent. Les cachots ne s'ouvrent que pour donner la nourriture, faire les visites et vider les *griaches*.

Les chambres de la paille ne diffèrent des cachots qu'en ce que leurs malheureux habitants sont tenus d'en sortir entre huit et neuf heures du matin. On les fait rentrer environ une heure avant le soleil couché. Pendant la journée, les portes de leurs cachots sont fermées, et ils sont obligés de se morfondre dans la cour, ou de s'entasser, s'il pleut, dans les galeries qui l'entourent, où ils sont infectés de l'odeur des urines, etc. Du reste, mêmes incommodités dans leurs hideuses demeures : point d'air, des pailles pourries. Entassés jusqu'à cinquante dans un même trou, le nez sur leurs ordures, ils se communiquent les maladies, les malpropretés dont ils sont affectés. Allez visiter les cachots qui sont pratiqués dans les grosses tours que vous voyez du quai de l'Horloge, ceux qu'on appelle le *Grand César, Bombec, Saint-Vincent, Bel-Air*, etc., et dites si la mort n'est pas préférable à un pareil séjour.

C'est là pourtant que des citoyens accusés de délits révolutionnaires ont été confondus avec des hommes prévenus de vols et d'assassinats, avec des hommes convaincus de ces crimes et condamnés au châtiment qu'ils avaient mérité, mais dont le jugement était suspendu par la faveur qu'ils ont de se pourvoir en cassation. Depuis quelque temps, il n'y avait guère à la Conciergerie que ce qu'on appelait des contre-révolutionnaires.

Ne croyez pas que les incommodités du logement soient les seules que les prisonniers aient à supporter ; il faudrait, pour juger jusqu'à quelle humiliation, jusqu'à quelle dégradation on peut réduire les hommes, il faudrait assister à la fermeture des portes et à l'appel nominal qui la précède. Figurez-vous trois ou quatre guichetiers ivres, avec une demi-douzaine de chiens en arrêt, tenant en main une liste incorrecte qu'ils ne peuvent lire. Ils appellent un nom, personne ne se reconnaît; ils jurent, tempêtent, menacent; ils appellent de nouveau.; on s'explique, on les aide, on parvient enfin à comprendre qui ils ont voulu nommer. Ils font entrer en comptant le troupeau; ils se trompent; alors, avec une colère toujours croissante, ils ordonnent de sortir : on sort, on rentre, on se trompe encore, et ce n'est quelquefois qu'après trois ou quatre épreuves que leur vue brouillée parvient enfin à s'assurer que le nombre est complet.

Mais quel contraste ! Est-ce une bizarrerie de la nature, ou un effet de sa sagesse? La première lueur d'espérance, l'approche d'un plaisir, dissipent en un instant les plus noirs chagrins, les plus cruelles inquiétudes, et la prison la plus hideuse, l'enfer va se changer en un temple de Gnide. Vous entendez dans la cour du préau un éternel bourdonnement, un murmure sombre et les cris effrayants des guichetiers; ils ont des voix terribles, qui semblent avoir été faites exprès. Rien n'est plus fatigant que ce bruit et ce spectacle, si vous pouvez y échapper pour revenir au principal guichet.

Après avoir franchi la première grille (j'ai déjà dit qu'il y en avait quatre) vous vous trouvez dans une enceinte formée toute de barreaux de fer. Lorsque les communications avec l'extérieur subsistaient, c'est là que les prisonniers de ce côté voyaient leurs visiteurs. Les femmes, dont la sensibilité est plus grande, le courage plus résolu, l'âme plus compatissante, plus portée à secourir, à partager le malheur, les femmes étaient presque les seules qui osassent y pénétrer, et, il faut le dire, c'était surtout elles qu'on aimait à y recevoir. Il est vrai que ces plaisirs étaient quelquefois troublés par l'aspect des malheureux condamnés à mort qu'on descendait du tribunal, et qui traversaient l'enceinte dont je parle. Alors il se faisait un moment de silence, on se regardait avec crainte, puis on s'embrassait avec un tendre intérêt, et les choses reprenaient insensiblement leur cours.

Le guichet d'entrée, occupé de même par les prisonniers du côté des douze, n'offrait pas un spectacle moins pittoresque. En effet, quoi de plus singulier pour l'œil de l'observateur ? Des femmes et leurs maris, rangés sur des bancs contre les murs ; les uns se parlent avec autant de sécurité et de gaieté que s'ils étaient sous des berceaux de roses ; les autres s'attendrissent, versent des larmes. Dans le greffe sont des hommes condamnés à mort, qui quelquefois chantent. Par une fenêtre de ces cabinets dont j'ai parlé, on aperçoit sur un lit de douleur une malheureuse femme veillée par un gendarme qui attend, la pâleur sur le front, l'instant de son supplice. Des gendarmes remplissent les guichets ; ceux-ci conduisent des prisonniers dont on délie les mains et que l'on précipite dans des cachots ; ceux-là demandent d'autres prisonniers pour les transférer, les lient et les emmènent, tandis qu'un huissier, à l'œil hagard, à la voix insolente, donne des ordres, se fâche, et il se croit un héros, parce qu'il insulte impunément à des malheureux qui ne peuvent lui répondre par des coups de bâton.

Il n'y a rien d'exagéré dans ce que je viens de dire, et plusieurs personnes qui sont venues, ou qui ont vécu dans les prisons, se rappelleront avoir vu tout cela dans le même moment.

J'ai déjà dit que les chiens jouaient un grand rôle dans ces prisons ; cependant un fait que j'ai entendu souvent raconter prouvera que leur fidélité n'est pas à toute épreuve. Parmi ces chiens, il en est un distingué par sa taille, sa force et son intelligence. Ce cerbère se nomme *Ravage*. Il était chargé, la nuit, de la garde de la cour du préau.

Des prisonniers avaient, pour s'échapper, fait un trou (en argot un *trouzard*), rien ne s'opposait plus à leur dessein, sinon la vigilance de Ravage et le bruit qu'il pouvait faire. Ravage se tait : mais, le lendemain matin, on s'aperçoit qu'on lui avait attaché à la queue un assignat de cent sous, avec un petit billet où étaient écrits ces mots : « On peut corrompre Ravage avec un assignat de cent sous et un paquet de pieds de mouton ». Ravage, promenant et publiant ainsi son infamie, fut un peu décontenancé par les attroupements qui se formèrent autour de lui et les éclats de rire qui partaient de tous côtés. Il en fut quitte, diton, pour cette petite humiliation et quelques heures de cachot.

Revenons au côté des douze. Ce côté a aussi une cour qu'occupent des femmes. La partie occupée par les hommes n'a d'autre promenade qu'un corridor obscur, dans lequel il faut tenir, le jour, un réverbère allumé, et un petit vestibule séparé de la cour des femmes par une grille. Les hommes peuvent parler aux femmes à travers cette grille, et plus d'une fois les joies d'une affection partagée y ont fait oublier aux malheureux l'horreur de leur demeure.

Les chambres des femmes sont aussi divisées en chambres à la pistole et chambres à la paille. Les pistoles occupent le premier ; les chambres des *pailleuses* (1) sont au rez-de-chaussée, derrière une arcade ; elles sont obscures, humides, aussi malsaines que malpropres. Le gouvernement devrait bien s'occuper de les rendre plus salubres, en n'oubliant jamais que l'innocence a été forcée de les habiter. Il faudrait aussi un régime qui ne tendît pas à dégrader les êtres qui y sont soumis.

Il n'y a de ce côté, pour les hommes, que des chambres à la pistole, c'est-à-dire que l'on paye le loyer des lits qu'on occupe. Il y a autant de lits dans une chambre, qu'elle peut en contenir. On payait d'abord pour un lit 27 livres 12 sous le premier mois, et 22 livres 10 sous les mois suivants. On a réduit ce loyer à 15 livres par mois. Le même lit a souvent rapporté plusieurs loyers en un seul mois (2), aussi la Conciergerie est-elle le premier hôtel garni de Paris, quant au produit.

L'un des grands inconvénients de ce côté était le voisinage de l'infirmerie ; on y a longtemps vécu au milieu des fièvres les plus dangereuses. Les malades, entassés deux à deux sur de méchants grabats, étaient bien ce que la misère humaine peut offrir de plus déplorable ; les médecins daignaient à peine les examiner : il semblait qu'il y eût des cœurs faits pour s'endurcir à l'approche du malheur. Ils avoient une ou deux tisanes qui étaient, comme on dit, des selles à tous chevaux, et qu'ils appliquaient à toutes les maladies ; encore étaient-elles administrées avec une négligence vraiment impardonnable. C'était une chose curieuse, de voir avec quel dédain et quelle suffisance ils faisaient leurs visites. Un jour, le docteur en chef s'approche du lit et tâte le pouls du malade. « Ah ! dit-il, il est mieux qu'hier. — Oui, citoyen docteur, répond l'infirmier, il est beaucoup mieux ; mais ce n'est pas le même ; le malade d'hier est mort, et celui-ci a pris sa place. — Ah ! c'est différent ; eh bien, qu'on fasse la tisane. »

(1) On appelle *pailleux* ou *pailleuses* ceux ou celles qui, n'ayant pas le moyen de payer le loyer d'un lit, sont obligés de coucher sur la paille.

(2) Dans les derniers temps de la tyrannie de Robespierre, lorsque le tribunal envoyait les victimes à la mort par charretées, 40 ou 50 lits étaient occupés tous les jours par de nouveaux hôtes, qui payaient 15 livres pour une nuit, ce qui donnait par mois un produit de 18 à 22 mille livres.

Depuis, l'on a formé un établissement à l'Évêché, où les malades, à ce qu'on dit, furent traités avec beaucoup plus d'égards, Dieu en soit loué !

Cette anecdote m'en rappelle une autre qui eut lieu à peu près dans le même temps. On se souviendra peut-être d'un individu qui se faisait appeler *Marat-Mauger*, commissaire du pouvoir exécutif à Nancy et dans le département de la Meurthe, dénoncé comme ayant usé envers les citoyens de toutes sortes de vexations. Ce Mauger donna l'exemple le plus terrible de la manière dont un coquin peut être tourmenté par les remords. Il rappelle les fureurs d'Oreste, et Lekain aurait pu trouver en lui un modèle. Attaqué d'une fièvre très violente, il se levait sur son lit, et là, avec des convulsions vraiment effrayantes, et d'une voix épouvantée, il s'écriait : « Voyez-vous dans les ombres de ces voûtes la main de mon frère ! Il écrit en lettres de sang : « Tu as mérité la mort ». Il périt en effet au milieu des transports de cette frénésie. On honora sa mémoire de cette épitaphe :

> *Dans un corps sale et pourri*
> *Gisait une âme épouvantable;*
> *Depuis ce matin, Dieu merci,*
> *Et l'âme et le corps sont au diable.*

Il régnait parmi les prisonniers de ce côté un genre de courage et de gaîeté vraiment remarquable ! On ne se fera jamais une idée juste d'une existence semblable ; aussi je n'entreprendrai pas de la dépeindre, malgré ce que j'en ai entendu dire; je me contenterai de citer quelques passages de deux lettres de l'un de ces prisonniers à un ami, et que celui-ci a bien voulu me communiquer.

« Je ne prendrai aucun plaisir à jeter ma tête ! Je la défendrai par tous les moyens que permet l'honneur et que fournit la pureté d'une conscience inattaquable. D'après cela, tu dois être satisfait de moi.

« Ce que tu me dis des réponses de*** me paraît d'assez bon augure, mais ne change rien à ma manière de voir. Je ne veux me bercer d'aucune espérance, il serait trop cruel d'en être déçu. J'attendrai de pied ferme les événements. Je verrais avec joie l'instant qui me rendrait à la vie. J'ai déjà envisagé la mort non seulement avec intrépidité, mais même avec calme ; elle est sans cesse présente à mes yeux, et je veux qu'elle y soit sans cesse, pour m'y familiariser au point de n'avoir pas même besoin de courage...

« Si je vois avec quelque sang-froid le moment où je perdrai la vie, je le dois surtout au spectacle qui se renouvelle à chaque instant dans cette maison : elle est l'antichambre de la mort. Nous vivons avec elle ; on soupe, on rit avec des compagnons d'infortune ; l'arrêt fatal est dans leur poche. On les appelle le lendemain au tribunal ; quelques heures après, nous apprenons leur condamnation ; ils nous font faire des compliments en nous assurant de leur courage. Notre train de vie ne change point pour cela : c'est un mélange d'horreur sur tout ce que nous voyons, et d'une gaieté en quelque sorte féroce ; car nous plaisantons souvent sur les objets les plus effrayants, au point que nous démontrions l'autre jour, à un nouvel arrivé, de quelle manière cela se fait, par le moyen d'une chaise à qui nous faisions faire la bascule. Tiens, dans ce moment, en voici un qui chante :

> « Quand ils m'auront guillotiné,
> « Je n'aurai plus besoin de nez.

« Je dois t'ajouter, pour te prouver combien nous avons de moyens de nous endurcir, qu'une malheureuse femme condamnée vient de me faire appeler. « La source de mes « larmes est tarie, m'a-t-elle dit, il ne m'en est pas échappé « une depuis hier soir. La plus sensible des femmes n'est plus « susceptible d'aucun sentiment ; les affections qui faisaient « le bonheur de ma vie ont perdu toute leur force ; je ne « regrette rien ; je vois avec indifférence le moment de ma « mort. »

« Cette femme est madame Lairolette de Tournay ; elle dit avoir dépensé des sommes énormes pour la cause de la liberté ; commissaires nationaux, généraux, officiers des armées françaises ont été accueillis dans sa maison avec autant de distinction que de zèle. Elle attribue ses malheurs à son mari. Elle s'est fait peindre ces jours-ci, la main appuyée sur une tête de mort ; elle a dû lui envoyer ce portrait. L'allégorie est cruelle, si le motif en est vrai...

« Les hommes sont trop méchants, inutilement atroces, et je ne regretterais pas une existence aussi pénible et qui ne me présente qu'un avenir encore plus affreux. Tu vas me croire fou ; ma foi, non.

« Je ne fus jamais si raisonnable ; j'apprécie les choses ce qu'elles valent, et le plus grand bienfait de la nature (la vie) dont tu me parles dans une de tes lettres, me paraît à moi une corvée fort incommode, que la nature pouvait épargner à des êtres qui n'ont pas même assez de raison pour apercevoir leurs sottises. Je suis si las de vivre parmi les hommes, que je ne serais pas fâché de les quitter. J'ai déjà, comme je t'ai dit, essayé l'epreuve ; c'est le seul moment de véritable calme que j'aie goûté depuis que je suis ici, etc... »

C'était une chose touchante de voir un nombre de prisonniers prévenus de délits contre la Patrie, ne respirer cependant que pour elle et sa liberté. Ce fut ce sentiment qui dicta des couplets sur la prise de Toulon. Les voici :

AIR : *Où courent ces peuples épars ?*

Chantons nos immortels succès ;
Prisons, connaissez l'allégresse,
Dans les fers nous sommes Français ;
Il a fui, l'insolent Anglais.
Toulon, cité lâche et traîtresse,
Reçois le prix de tes forfaits
Pleure ton infamie (*bis*).
Ah ! quand on est Français, change-t-on de patrie ?

A l'abri des triples remparts
Que te livra la perfidie,
C'est en vain qu'à tes léopards
Tu joins les honteux étendards
De Naples et de l'Ibérie.
Ils ont dit, nos enfants de Mars :
Mourons pour la patrie (*bis*)
Ou punissons l'orgueil d'une horde ennemie.

Accourez, de la liberté,
Accourez, soldats magnanimes ;
Que, sous votre bras indompté
Et par la vengeance excité,
Tombe un peuple chargé de crimes.
Pour moi dans les fers arrêté
Quoique fier de notre victoire (*bis*).
Je gémis, n'ayant point partagé notre gloire.

Ce courage qui les soutenait dans le malheur, ne les abandonnait point au dernier moment. Les couplets que je vais transcrire en sont la preuve. Ce n'est pas par les règles de la poésie qu'il faut les juger, mais par la situation où se trouvaient les auteurs.

Pierre Ducourneau, jeune homme de Bordeaux, et *Theillard*, officier de gendarmerie dans la même ville, reçurent leur acte d'accusation le 24 nivôse. Ils étaient déjà anciens dans la prison; on leur donna les preuves du plus tendre intérêt. Quand un camarade d'infortune en était à cette extrémité, la chambre le régalait le soir. Le souper fut triste, gai, touchant, mais les étreintes d'une amitié si malheureuse redoublèrent lorsqu'on entendit chanter ces couplets faits par Ducourneau, et écrits avec un crayon au bout de la table au milieu des verres, des bouteilles et du bruit que faisaient des gens qui avaient dans la tête quelques verres de vin de Bordeaux.

AIR : *Que ne suis-je la fougère.*

Si nous passons l'onde noire,
Amis, daignez quelquefois
Ressusciter la mémoire
De deux vrais amis des lois.
Dans ces moments pleins de charmes,
Fêtez-nous parmi les pots,
Et versez, au lieu de larmes,
Quelques flacons de Bordeaux.

Trinquez, retrinquez encore,
Et, les verres bien unis,
Chantez, d'une voix sonore,
Le destin de vos amis.
Nos reconnaissantes ombres,
Planant au milieu de vous,
Rempliront ces voûtes sombres
De frémissements bien doux.

Fiers enfants de l'Armorique, (1)
Quand vous verrez vos foyers,
Où votre troupe héroïque
Moissonna tant de lauriers,
Ah ! redites à vos frères
Comme allèrent aux tombeaux
Des républicains sincères,
Nés dans les murs de Bordeaux.

Le lendemain, ils soupèrent encore avec la même chambrée. Ducourneau ajouta de nouveaux couplets aux premiers :

Même air.

Enfin, la noire imposture
Nous traîne à son tribunal ;
Nous allons à la nature
Payer le tribut fatal.

(1) Quelques-uns des cent et tant de Nantais envoyés à Paris comme contre-révolutionnaires, et notamment deux jeunes qui s'étaient battus comme des lions contre les rebelles de la Vendée. Ils publieront sans doute un jour le récit de leur affreux voyage.

[13]

> Au dernier moment, Socrate
> Sacrifie à la santé ;
> Notre bouche démocrate
> Ne boit qu'à la Liberté.
>
> Pleins de ces leçons augustes,
> Oui, mes amis, nous mourrons
> Comme tous ces fameux justes,
> Les Brutus et les Catons.
> Si, malgré la calomnie,
> Il nous faut vivre encor,
> Nous userons de la vie
> Comme nous bravons la mort.

Ce jour-là était arrivé un homme d'un certain âge. Il fut fort ébahi de se trouver à pareille fête. Tant de courage, de résignation, de la gaieté même, au milieu des maux les plus grands, l'avaient rendu stupéfait. Ducourneau lui adressa ce nouvel impromptu :

> O toi, vieillard vénérable !
> Quoique tu viennes trop tard,
> Tu parais convive aimable ;
> A nos plaisirs prends donc part.
> Et, traîné dans cette école
> D'un malheur trop solennel,
> De notre âme qui s'envole
> Reçois l'adieu fraternel.

Enfin, après sa condamnation, Ducourneau fit encore trois couplets, en tête desquels étaient écrits ces mots :

COUPLETS

Dédiés aux prisonniers de la chambre, par leurs amis Hollier, Theillard, Ducourneau.

Même air.

> Victimes de la patrie,
> Il va finir, notre sort ;
> Le flambeau de notre vie
> Va s'éteindre dans la mort.
> Notre cœur, du même zèle
> Pour la République épris,
> Lui fut sans cesse fidèle,
> Et nous mourrons ses amis.
>
> O peuple qui nous outrage !
> Nous pleurons sur ton erreur ;
> Comme toi de l'esclavage
> Nous eûmes toujours l'horreur.

[14]

Le fer de la guillotine
Ne nous épouvante pas,
Et la liberté divine
Nous charme jusqu'au trépas.

En vain sur notre mémoire
On voudrait jeter l'affront ;
Le crayon vrai de l'histoire
Rétablira notre nom.
Notre courage surmonte
Le plus effroyable assaut ;
Le crime seul fait la honte
Et ce n'est pas l'échafaud (1).

Les prisonniers conservèrent longtemps l'habitude de chanter tous les soirs ces différents couplets, ainsi que ceux sur la prise de Toulon, et le suivant :

Air : *Où vont tous ces peuples épars ?*

Amis, combien il a d'attraits
L'instant où s'unissent nos âmes !
Le cœur juste est toujours en paix.
O doux plaisir que n'eut jamais
L'ambitieux et ses trames !
Venez, bourreaux, nous sommes prêts.
Mourons pour la patrie ! (*bis*)
C'est le sort le plus beau, le plus digne d'envie.

Environ un mois après la mort de Ducourneau, Nicolas Montjourdain, ci-devant commandant de bataillon de la section Poissonnière, donna l'exemple d'un courage semblable. La romance dont il composa les cinq premiers couplets avant sa condamnation, et les trois autres après, ont étonné et attendri tout Paris.

Le manuscrit portait 1

Air : *C'est aujourd'hui mon jour de barbe.*

L'heure avance où je vais mourir,
L'heure sonne et la mort m'appelle ;
Je n'ai point un lâche désir,
Je ne fuirai point devant elle ;
Je meurs plein de foi, plein d'honneur ;
Mais je laisse ma douce amie
Dans le veuvage et la douleur ;
Ah ! je dois regretter la vie.

(1) C'est un arrangement du vers de Thomas Corneille :

Le crime fait la honte, et non pas l'échafaud.

(Le comte D'ESSEX).

Demain, mes yeux inanimés
Ne s'ouvriront plus sur tes charmes ;
Et tes beaux yeux pour moi fermés
Demain seront noyés de larmes.
La mort glacera cette main
Qui m'unit à ma douce amie !
Moment suprême de chagrin.
Ah ! je dois regretter la vie.

Si dix ans j'ai fait ton bonheur,
Garde de briser mon ouvrage ;
Donne un moment à la douleur,
Consacre au plaisir ton bel âge.
Qu'un heureux époux, à son tour,
Vienne rendre à ma douce amie
Des jours de paix, des jours d'amour,
Je ne regrette plus la vie.

Si le coup qui m'attend demain
N'enlève pas ma tendre mère,
Si l'âge, l'ennui, le chagrin,
N'accablent pas mon triste père,
Ne les fuis point dans ta douleur,
Reste à leur sort toujours unie ;
Qu'ils me retrouvent dans ton cœur ;
Ils aimeront encor la vie.

Je vais vous quitter pour jamais,
Adieu plaisirs, joyeuse vie,
Propos si joyeux et vins frais,
Qu'avec quelque peine j'oublie !
Mais j'ai mon passeport ; demain
Je prends la voiture publique
Et vais porter mon front serein
Sous la faux de la république.

Mes tristes et chers compagnons
Ne pleurez point mon infortune ;
C'est, dans le siècle où nous vivons,
Une misère trop commune.
Dans vos gaietés, dans vos ébats,
Buvant, criant, faisant tempête,
Mes amis, ne m'avez-vous pas
Fait perdre quelquefois la tête ?

Quand, au milieu de tout Paris,
Par un ordre de la patrie,
On me roule à travers les cris
D'une multitude étourdie,
Qui croit que de sa liberté
Ma mort assure la conquête,
Qu'est-ce autre chose en vérité,
Qu'une foule qui perd la tête ?

De tous les députés que j'ai vus à la Conciergerie, le petit Ducos est un de ceux qui montra le plus d'hilarité.

Quelques jours avant sa mort, il composa un pot pourri où il plaisantait avec verve sur sa triste situation.

J'ai connu, dans cette maison, un homme très singulier et très original; il s'était si fort dégoûté de la vie, qu'il ne parlait que de mourir, dans ses conversations; et cependant cette envie ne lui fit jamais perdre un fond de gaieté qui était à toute épreuve.

Ce prisonnier se nommait Gosnay; il pouvait avoir 27 ans; il avait été autrefois grenadier dans le ci-devant régiment d'Artois; il avait depuis servi dans les hussards de Berchiny; il était à la Conciergerie comme prévenu d'émigration; c'était Ronsin qui l'avait fait arrêter à Châlons-sur-Saône, et traduire à Paris. Ses manières étaient affables et joviales.

Lorsqu'on lui apporta son acte d'accusation, il le prit froidement, le roula dans ses mains, l'approcha d'une lumière, et en alluma sa pipe; cependant ses camarades lui firent observer que c'était une folie de courir à la mort à son âge, lorsqu'il avait des moyens de défense aussi péremptoires que les siens.

Gosnay parut céder à leurs sollicitudes; mais intérieurement, il voulait toujours mourir.

Avant de monter au tribunal, il but du vin blanc, mangea des huîtres avec ses camarades, fuma tranquillement en s'entretenant avec eux sur la mort. « Ce n'est pas tout, leur dit-il; à présent que nous avons bien déjeuné, il s'agit de souper, et vous allez me donner l'adresse du restaurateur de l'autre monde, pour que je vous fasse préparer pour ce soir un bon repas. »

Lorsqu'on lui lut son acte d'accusation au tribunal, il dit affirmativement que tous les faits articulés contre lui étaient parfaitement vrais, et son défenseur ayant voulu observer qu'il n'avait pas la tête à lui, il répondit : « Jamais ma tête n'a été plus à moi que dans ce moment, quoique je sois à la veille de la perdre. Défenseur officieux, je te défends de me défendre, et qu'on me mène à la guillotine. »

Condamné à mort, il traversa la cour et salua ses camarades avec sa gaieté ordinaire, et sans qu'on vît sur son visage la moindre altération. Arrivé dans la salle des condamnés, il but, mangea avec appétit, et se montra tel qu'on l'avait toujours vu.

En montant sur la charrette, il adressa la parole à un des

guichetiers avec lequel il avait eu une sorte de familiarité :
« Mon ami Rivière, lui dit-il, il faut que nous buvions un
verre de Kersvaser dans ta tasse, sans quoi je t'en voudrais
jusqu'à la mort. » Rivière apporta la liqueur, et Gosnay
parut la boire avec plaisir. En traversant la cour du Palais,
quelques personnes le poursuivaient par des huées : il leur
répondit : « F..... lâches que vous êtes, vous m'insultez !
Eh ! iriez-vous à la mort avec autant de courage que moi ? »

Arrivé au pied de l'échafaud, il s'écria : « Me voilà donc
arrivé où j'en voulais venir ! » Et il livra tranquillement sa
tête à l'exécuteur.

Lorsque Manuel (1) arriva à la Conciergerie, tous les prisonniers le virent avec horreur, et le regardèrent comme
un des auteurs des journées du mois de septembre. Lorsqu'il monta au Tribunal, pour être interrogé, un groupe de
prisonniers s'approcha de lui, et le poussa, malgré les gendarmes qui l'escortaient, vers un pilier encore teint du sang
des victimes égorgées lors de ces terribles événements. Un
des prisonniers, élevant la voix avec force, lui dit : « Vois
le sang que tu as fait répandre ! » Manuel, condamné à la
mort, et repassant par la même cour, au lieu de plaintes
sur son sort, n'entendit que des bravos et des applaudisse-
ments réitérés.

Lorsque Biron (2) descendit du Tribunal, il salua les prisonniers avec cette dignité chevaleresque qui n'appartenait
qu'à l'ancienne cour des rois de France, et leur dit : « Ma
foi, mes amis, c'est fini, je m'en vais. »

Bailly (3) venait de paraître au tribunal pour la première
fois ; ceux qui s'intéressaient à son sort lui demandèrent
s'il avait été jugé ; Bailly répondit en se frottant les mains :
« Petit bonhomme vit encore. »

Lorsque Lamourette (4) fut condamné, il soupa avec ses

(1) Manuel, né à Montargis en 1751, s'était signalé tout d'abord comme un fou-
gueux révolutionnaire : il avait pris une part importante aux journées du 20 juin et
du 10 août 1792. Député à la Convention, il avait demandé la déchéance de
Louis XVI, et l'avait fait transférer au Temple. Mais, attendri par les malheurs de
la famille royale, il refusa de voter la mort du Roi et se montra humain pour la
Reine captive. Cette attitude si nouvelle excita les soupçons, et il fut arrêté et
condamné à mort le 15 novembre 1793.

(2) Biron, duc de Lauzun, servit avec distinction pendant la guerre d'Amérique.
Il se rallia à la République, et reçut un commandement en Vendée. Son origine le
rendit suspect ; il fut arrêté et décapité le 31 décembre 1793.

(3) Bailly, né à Paris en 1756. Président de l'Assemblée constituante en 1789,
puis maire de Paris. Lors de l'échauffourée du Champ de Mars (17 juillet 1791) il
fit tirer sur les émeutiers, et perdit du coup sa popularité. Devenu suspect pendant la Terreur, il fut arrêté à Melun, ramené à Paris, condamné à mort et exécuté
le 11 novembre 1793, avec des raffinements de cruauté. On l'obligea à aider au
transport de la guillotine de la place de la Révolution au Champ de Mars.

(4) Lamourette est resté célèbre par son esprit de concorde et de paix qui le

camarades de chambre; il soutint presque à lui seul la conversation; il parla avec enthousiasme de Dieu et de l'immortalité de l'âme. Quelqu'un s'attendrissait sur sa destinée : « Eh! quoi, lui dit-il, qu'est-ce que la mort? Un accident auquel il faut se préparer. Qu'est-ce que la guillotine? Une chiquenaude sur le cou. »

En général, la vie des prisonniers était très peu active. Les seuls amusements auxquels ils se livraient étaient les cartes, les dames et le trictrac. Toute espèce d'instrument était prohibée. On fumait, on chantait, on se faisait des niches; on lisait et on passait le temps. Les bourdonnements continuels de la prison étourdissaient singulièrement.

J'ai resté six mois à la Conciergerie en proie aux plus horribles anxiétés; j'ai vu le tableau mouvant des nobles, des prêtres, des marchands, des banquiers, d'hommes de lettres, d'artisans, de cultivateurs et de sans-culottes. La faux du tribunal sanguinaire en a moissonné les 99 centièmes. C'est dans la classe des nobles que j'ai vu le plus de contre-révolutionnaires, partisans de la royauté, pleurant sur la tombe de Louis XVI et appelant l'ancien régime à grands cris. J'ai vu des prêtres respectables qui disaient leurs bréviaires en se couchant, qui ont exercé dans leurs villages des actes de vertu et de bienfaisance; ils cherchaient à ranimer la confiance et l'espoir de leurs compagnons de prison en leur parlant des miracles du Christ. J'ai vu des marchands et des banquiers qui avaient reçu leur acte d'accusation, et qui, avant de se mettre au lit, faisaient le relevé de leurs capitaux, compulsaient Barrême et faisaient des règles de compagnie. J'ai vu des sans-culottes, excellents patriotes, chauds révolutionnaires, sacrifiés à des haines obscures. J'ai vu des cultivateurs dire leurs prières matin et soir, se recommander à la bonne Vierge Marie, faire le signe de la croix lorsqu'il tonnait, détester les brigandages de leur seigneur émigré, mais regretter les messes, les sermons et les prônes de leur ancien curé, qui avait refusé de prêter le serment au nouveau régime. J'ai vu des jeunes gens bien étourdis, bien écervelés, pirouetter avec grâce, entre deux guichets, chanter avec goût l'ariette du jour, et faire des épigrammes sur le

poussa à proposer aux adversaires politiques de l'Assemblée législative de sceller leur réconciliation par un baiser fraternel, — ce qu'ils firent tout en gardant chacun leur haine et leur animosité. De là est venue la locution *un baiser Lamourette* pour ridiculiser les réconciliations non sincères.

Gouvernement actuel. Et c'étaient de pareilles gens que l'on guillotinait !...

Je m'arrête... Ici finit mon travail. Cœurs sensibles, n'approchez pas de la Conciergerie. Magistrats du peuple, parcourez ces lugubres enceintes; ce ne sont pas des animaux qui les habitent, ce sont des hommes.

APPENDICE

[Honoré Riouffe, qui naquit à Rouen le 1er avril 1764, et qui devint plus tard membre du Tribunat, puis préfet de la Côte-d'Or, jusqu'en 1813, époque à laquelle il mourut, fut emprisonné à la Conciergerie vers la fin de 1793. Il a laissé un récit de son séjour dans cette épouvantable prison. Il vit ainsi de près la plupart des victimes célèbres de la Révolution, et il a laissé sur Bailly, Camille Desmoulins, Danton, Fabre d'Eglantine, etc., des détails fort intéressants qu'on trouvera ci-après.]

.....Vers le même temps on amena Bailly, l'homme de la Révolution le plus heureux en honneurs, et celui dont l'agonie fut la plus douloureuse. Il épuisa la férocité de la populace, dont il avait été l'idole, et fut lâchement abandonné par le peuple, qui n'avait jamais cessé de l'estimer. Il est mort comme le juste de Platon, au milieu de l'ignominie : on cracha sur lui; on brûla un drapeau sous sa figure; des hommes furieux s'approchaient pour le frapper, malgré les bourreaux indignés eux-mêmes de tant de fureur. On le couvrit de boue. Il fut trois heures à la place de son supplice, et son échafaud fut dressé dans un tas d'ordures. Une pluie froide, qui tombait à verse, ajoutait encore à l'horreur de sa situation : les mains liées derrière le dos, il demandait quelquefois le terme de tant de maux; mais ces paroles étaient proférées avec le calme d'un des premiers philosophes de l'Europe. Il répondit à un homme qui lui disait : « Tu trembles, Bailly? — Mon ami, c'est de froid. » Si on demande d'où nous sommes si bien instruits, qu'on sache que c'était par le moyen du bourreau, qui pendant une

LE CACHOT DE MARIE-ANTOINETTE A LA CONCIERGERIE (État actuel)

année entière n'a cessé un seul jour d'être appelé dans cette horrible demeure, et qui racontait aux geôliers ces abominables et admirables circonstances.

L'infortuné Camille Desmoulins mourut indigné de la lâcheté du peuple, et furieux d'avoir été la dupe de Robespierre, auquel il avait immolé les plus éclairés de ses collègues, et surtout les plus purs : il n'avait jamais eu d'autre mérite que celui d'être un écrivain amusant, et fut constamment le parasite et le prôneur de tous les partis qui dominaient. Il marcha toujours sous la bannière d'un homme, jamais sous celle de la vertu et de la vérité, soit par faiblesse de tête ou autrement : il avilit le caractère de représentant et de citoyen par la lâcheté avec laquelle il endura les outrages de Robespierre ; son *Vieux Cordelier* vint trop tard ; il ne s'éleva pas à la hauteur de ce qu'il avait écrit, et montra, dans tout son jour, qu'on peut être le plus pitoyable des hommes et un écrivain très piquant. Il avait beaucoup d'imagination et nul jugement. Généralement il y a eu trop d'hommes à imagination dans cette dernière législature : c'est entasser des matières combustibles dans un édifice public. Son inconséquence était telle, qu'il ne vit pas que sa femme, dénoncée comme conspiratrice, était par cela seul perdue infailliblement. Il dit, en revenant de l'audience : « Je crains qu'ils ne fassent arrêter ma femme. » Heureuse imprévoyance, au reste, qui l'empêcha d'emporter au tombeau la plus horrible douleur qui puisse atteindre l'âme, celle de causer la perte de ce qui nous est cher.

Mais est-ce à moi qu'il appartient de le juger avec sévérité, moi qui ai vu l'effet que les feuilles du *Vieux Cordelier* produisirent au milieu de nous ? Une seule fois, sous cet affreux régime de Robespierre, le signal de la clémence fut offert aux malheureux Français accablés, et noyés dans leur sang ; et ce fut la main de Camille Desmoulins qui le présenta. Sa voix semblait nous rappeler à la lumière et nous dire : « Il est encore des cœurs humains. » Son généreux dévouement lui coûta la vie. Nous devons oublier ses erreurs, et pleurer sa perte. Laissons à la postérité le soin de prononcer.

En effet, peu de jours après, nous la vîmes arriver, sa veuve si intéressante et si douce. Elle était encore dans le vertige de la douleur ; elle marchait et regardait comme Nina. O jeu bizarre des révolutions ! la veuve Hébert et la veuve Camille Desmoulins, dont les maris venaient de se traîner à l'échafaud, s'asseyaient souvent sur la même pierre dans la cour de la Conciergerie, et pleuraient ensemble. Elles furent bientôt les rejoindre.

Danton, placé dans un cachot à côté de Westermann, ne cessait de parler, moins pour être entendu de Westermann que de nous. Ce terrible Danton fut véritablement escamoté par Robespierre. Il en était un peu honteux. Il disait, en regardant à travers ses barreaux, beaucoup de choses que peut-être il ne pensait pas ; toutes ses phrases étaient entremêlées de jurements ou d'expressions ordurières.

En voici quelques-unes que j'ai retenues :

« C'est à pareil jour que j'ai fait instituer le tribunal révolutionnaire ; mais j'en demande pardon à Dieu et aux hommes : ce n'était pas pour qu'il fût le fléau de l'humanité ; c'était pour prévenir le renouvellement des massacres du 2 septembre. » Etrange langage dans la bouche de Danton !

« Je laisse tout dans un gâchis épouvantable : il n'y en a pas un qui s'entende en gouvernement. Au milieu de tant de fureurs, je ne suis pas fâché d'avoir attaché mon nom à quelques décrets qui feront voir que je ne les partageais pas.

« Si je laissais mes jambes à Couthon, on pourrait encore aller quelque temps au Comité de salut public.

« Ce sont tous mes frères Caïn. Brissot m'aurait fait guillotiner comme Robespierre.

« J'avais un espion qui ne me quittait pas.

« Je savais que je devais être arrêté.

« Ce qui prouve que Robespierre est un Néron, c'est qu'il n'avait jamais parlé à Camille Desmoulins avec tant d'amitié que la veille de son arrestation.

« Dans les révolutions, l'autorité reste aux plus scélérats.

« Il vaut mieux être un pauvre pêcheur, que de gouverner les hommes.

« Les f..... bêtes, ils crieront *Vive la République*! en me voyant passer. »

Il parlait sans cesse des arbres, de la campagne et de la nature.

Lacroix, fort embarrassé de son maintien, semblait, plus que tous les autres, tourmenté de la conscience que tous les malheureux qu'il voyait, c'était lui qui les avait faits. Il affectait un étonnement qui, ne pouvant être réel, remplissait d'indignation ceux qui en étaient témoins. Il avait l'air de s'attendrir sur le sort de tant de victimes : « Pourquoi cette foule de jeunes filles dans les fers ? » s'écriait-il. Tout le surprenait, et la forme du tribunal, et le régime si dur

des prisons, et le nombre des prisonniers. « Quoi ! lui dit
un d'entre eux, jamais des charretées de victimes, se ren-
contrant sur vos pas, ne vous ont appris qu'il y avait dans
Paris une boucherie d'hommes ? — Non, répondit-il ; je n'ai
jamais rencontré des charrettes. » Il avait été un des plus
ardents promoteurs des institutions révolutionnaires. Si
son ignorance n'eût pas été feinte, elle n'en eût pas moins
été odieuse. Génies destructeurs qui lancent les fléaux
parmi les hommes, et ne daignent pas s'informer de leurs
progrès !

Honte d'avoir été trahis par leur parti, honte de se trouver
au milieu de leurs victimes, dont ils ne pouvaient comprendre la modération à leur égard, telle était l'expression
générale de leur figure : peu ou point de sollicitude pour la
patrie. Ils mouraient en cherchant à démêler le fil des in-
trigues qui les avaient perdus, et comment il était arrivé
qu'ils ne fussent pas restés les plus forts. Danton, le véritable géant de ce parti, et qu'il ne faut confondre avec aucun d'eux, généralisait davantage ses idées.

Fabre d'Églantine, malade et faible, n'était occupé que
d'une comédie en cinq actes, qu'il disait avoir laissée entre
les mains du Comité de salut public, et de la crainte que
Billaud-Varennes ne la lui volât.

L'orateur du genre humain, Clootz, est mort comme il
avait vécu, mais avec un courage que je ne lui eusse jamais
soupçonné. Il était avec la tourbe Hébert. Ces misérables
se reprochaient leur mort. Clootz prit la parole, et, d'une
voix haute, leur cita tout au long ces vers si connus :

> Je rêvais cette nuit que, de mal consumé,
> Côte à côte d'un gueux on m'avait inhumé,
> Et que, blessé pour moi d'un pareil voisinage,
> En mort de qualité je lui tins ce langage...

L'apologue eut son effet, on redevint amis.

Si je dis d'Hébert qu'il a été lâche, qui s'en étonnera ? Ce
scandaleux fabricateur de feuilles ordurières, qui avait volé
jadis à la porte d'un spectacle ; ce misérable factieux qui
n'avait pu dépouiller la bassesse de son caractère, quoi-
qu'on l'eût élevé aux magistratures, est mort comme la
femmelette la plus faible. Il tomba plusieurs fois en défail-
lance ; il était honteux et humilié. L'instruction de son procès l'avait rendu à toute sa turpitude première ; il n'y avait
été question que de chemises et d'effets volés. C'est ainsi

que Paris choisissait ses magistrats à cette époque. Il mourut cependant pour des crimes imaginaires, lui qui en avait tant commis de réels ! Un pareil tribunal innocente tous les coupables, et les Hébert eux-mêmes. La conspiration dans laquelle on l'enveloppa n'était pas plus réelle que toutes les conspirations imaginées par le Comité de salut public. Lorsque le crime est dans le gouvernement, on n'ose plus le punir sous son véritable nom ; et c'est par les procédés des tribunaux qu'on acquiert la démonstration qu'il y a tyrannie.

Une singularité très frappante, c'est que Danton, Hébert, Chaumette et Robespierre ont été dans le même cachot : tant de travaux, de dissimulations, d'extravagances et de crimes, ont abouti à leur conquérir quatre pieds de terrain à la Conciergerie, et une planche à la place de la Révolution.

Robespierre, étendu sur un lit de douleur, avait l'air de se réveiller d'un long rêve. Il était foulé aux pieds des guichetiers. Je ne prétends pas mettre Robespierre en opposition avec Danton. Le premier était un fou sanguinaire ; il avait l'esprit d'un procureur et l'âme de Sylla : c'est un monstre à part, qu'on ne ne peut comparer à rien. Danton était très pervers, mais il avait quelques sentiments d'homme dans le cœur. Il avait l'instinct du grand, plutôt qu'il n'avait du génie. L'exagération était dans sa tête, au point qu'il proposa de mettre tous les aristocrates hors de la loi ; il imagina le tribunal et l'armée révolutionnaires ; mais il ne dirigea rien, et fut accablé par sa propre découverte, comme un enfant qui joue avec de la poudre à canon. Il avait senti le besoin de créer l'obstacle et la résistance : en cela il vit peut-être en grand. Il fut exagéré, funeste, inconséquent, cruel dans les moyens, qu'il ne put ni régulariser ni prévoir : en cela il fut un homme au-dessous du médiocre, et un des fléaux de l'humanité.

Le Gérant : Henri GAUTIER.

1565 — Imp. de Vaugirard. G. de M. Dir., 152, r. de Vaugirard. Car. et Vig. Doublet.

Récits des Grands Jours de l'Histoire

(Voir à la page 2 de la couverture les conditions de vente)

VOLUMES EN VENTE *(Suite)*

N° 32 — La Jeunesse de Marie-Antoinette, par Weber.
N° 33 — Les Empoisonnements de la marquise de Brinvilliers.
N° 34 — Le Coup d'État du Deux-Décembre 1851.
N° 35 — Procès et Exécution de Charlotte Corday.
N° 36 — Le Retour des cendres de Napoléon.
N° 37 — Le Ministère Girondin du 15 mars 1792, d'après les Mémoires de
    Mme Roland.
N° 38 — Napoléon prisonnier (De Rochefort à Ste-Hélène), par le Cte de Las Cases.
N° 39 — Un mois de Paris sous la Terreur, d'après le Diurnal de Beaulieu.
N° 40 — Riquet et le Canal du Languedoc, par M. de la Lande.
N° 41 — La Mort de Louis XVI, d'après les Mémoires de Cléry et de l'abbé
    Edgeworth de Firmont.
N° 42 — La Conspiration de Babeuf, par Antoine Fantin-Désodoards.
N° 43 — La Fuite du Roi (20 juin 1791), par M. de Fontanges.
N° 44 — L'Arrestation de la famille royale à Varennes, par M. de Fontanges.
N° 45 — Tibérius Gracchus, par Mommsen. Traduction nouvelle de L. Bénoist-
    Lucy.

Autorelieur Gorrilliot

POUR RÉUNIR SOI-MÊME EN VOLUMES LES FASCICULES DES

Récits des Grands Jours de l'Histoire

Prix : 2 Francs

Le nouveau système d'autorelieur que nous avons fait fabriquer pour nos lecteurs, se recommande par sa simplicité et son mode aisé d'emploi. Grâce à lui, la personne la moins habituée aux travaux manuels, un enfant même, pourra réunir en volume les numéros de notre publication.

Nos autorelieurs sont fabriqués pour treize numéros. Il en faudra donc quatre pour une année. Ils sont très élégants, ornés d'une composition de l'habile dessinateur Fraipont, bien en rapport avec le caractère de la publication. Une fois remplis, ils formeront de véritables volumes de luxe, qui mériteront de figurer en bonne place sur la table du salon ou les rayons de la bibliothèque.

Le prix de l'autorelieur est de **2 francs**. On le recevra *franco à domicile*, en ajoutant **0 fr. 30** par autorelieur. Pour les demandes d'au moins 3 autorelieurs, nous emploierons le colis postal. Le prix du port, quel que soit le nombre, sera donc de **0 fr. 85**.

Indiquer à quels numéros on destine les autorelieurs demandés, afin de recevoir les titre et table correspondants.

Dans chaque autorelieur, on trouvera une notice indiquant, d'une manière très claire, comment on peut relier soi-même ses fascicules.

Adresser toutes les demandes, accompagnées du montant en mandat-poste, timbres français ou valeur sur Paris, à M. HENRI GAUTIER, éditeur, 55, quai des Grands-Augustins, Paris.

Pour paraître la Semaine prochaine

Les Journées d'Octobre

(5 et 6 Octobre 1789)

par WEBER

La Cour était effrayée des symptômes de désordre qui se manifestaient un peu partout, depuis la prise de la Bastille (14 juillet 1789). Établie à Versailles, auprès de l'Assemblée constituante, elle crut devoir, pour sa sûreté, faire venir dans cette ville le régiment de Flandre. Les gardes du corps offrirent un banquet à leurs camarades nouvellement arrivés, et, dans la chaleur de leur enthousiasme, les convives poussèrent les cris de: *Vive le Roi! A bas l'Assemblée nationale!*

La chose fut divulguée par les journaux: aussitôt la populace parisienne, qui souffrait du chomage et de la misère, se précipita sur Versailles, et, après les journées terribles du 5 et 6 octobre, ramena à Paris le Roi et la famille royale.

Nos lecteurs trouveront dans notre prochain numéro le récit de ces événements émouvants: il est emprunté aux *Mémoires* de Weber, frère de lait de Marie-Antoinette, lequel se trouvait alors à Versailles et fut le témoin oculaire de ce qu'il raconte. Par là, sa narration fidèle offre un intérêt considérable et la lecture en est aussi instructive que palpitante.

EN PRÉPARATION :

N° 47 — Les Journées d'Octobre (5 et 6 Octobre 1789), par Weber.

N° 48 — Le 18 Fructidor (4 Septembre 1797), d'après les mémoires de Barbé-Marbois, Barras, Hyde de Neuville, etc...

N° 49 — La Mort de Napoléon, par le docteur Antommarchi.

N° 50 — Le 9 Thermidor, d'après les mémoires du temps.

Abonnement :

On s'abonne aux CINQUANTE-DEUX volumes d'une année
des **Récits des Grands Jours de l'Histoire**
Les abonnés recevront régulièrement un volume chaque samedi.

PRIX DE L'ABONNEMENT D'UN AN :

France, Belgique et Algérie	Étranger et Colonies
Neuf francs	sauf la Belgique et l'Algérie **Onze francs**

Adresser les Demandes, accompagnées du montant en mandat-poste, timbres français ou valeur sur Paris, à M. HENRI GAUTIER, éditeur, 55, quai des Grands-Augustins, Paris.

www.ingramcontent.com/pod-product-compliance
Ingram Content Group UK Ltd.
Pitfield, Milton Keynes, MK11 3LW, UK
UKHW021000230726
13924UKWH00009B/419